JOSÉPHINE

CONTRE

BEAUHARNAIS

COMMUNICATION

De Mme la Comtesse C. D'ARJUZON

PARIS

AU SIÈGE DE LA SOCIÉTÉ D'HISTOIRE CONTEMPORAINE

5, RUE SAINT-SIMON, 5

—

1906

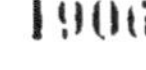

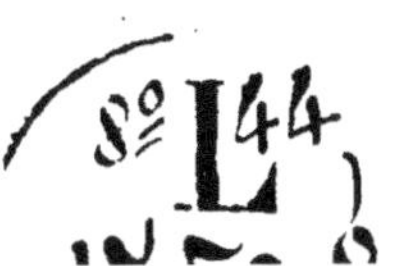

JOSÉPHINE

contre

BEAUHARNAIS

COMMUNICATION

De Mme la Comtesse C. D'ARJUZON

PARIS

AU SIÈGE DE LA SOCIÉTÉ D'HISTOIRE CONTEMPORAINE

5, RUE SAINT-SIMON, 5

—

1906

JOSÉPHINE CONTRE BEAUHARNAIS

Communication de Mᵐᵉ la Comtesse C. D'ARJUZON

Si j'étais un Romain des temps antiques, j'aurais tenu à marquer d'une pierre blanche le jour heureux où je découvris aux Archives nationales le document que je vais avoir le plaisir de vous communiquer.

Tout chercheur, si modeste que soit son sillon dans le champ de l'érudition, connaît ces joies, comparables à celles du chasseur qui oublie vite peines et fatigues, s'il revient chez lui le carnier gonflé d'un gibier de choix.

J'avais donc demandé, à tout hasard, communication du dossier coté Y 13975. MM. les archivistes, dont la compétence est indiscutable, nous le savons tous de reste, me prévinrent obligeamment que le dossier était à ma disposition, mais que je n'y trouverais sans doute rien d'intéressant et surtout que j'avalerais beaucoup de poussière. Pour une fois, ils se trompèrent : seule la dernière assertion était exacte.

La liasse des documents de Louis Joron, avocat au Parlement, conseiller du Roy, commissaire au Châtelet de Paris, que j'avais entre les mains, enveloppée d'une très vieille « chemise » de papier gris, liée d'une ancienne ficelle, était fort poudreuse en effet et ne paraissait pas avoir été touchée depuis le jour où les quarante-huit commissaires au Châtelet de Paris avaient déposé « leurs minutes et répertoires » aux archives judiciaires, en exécution de la loi du 5 germinal an V.

Les fonctions de Louis Joron et de ses collègues au Châtelet tenaient un peu le milieu entre celles des commissaires de police de nos jours et celles de nos juges et juges de paix. Elles consistaient principalement à faire exécuter les règlements de police « pour la sûreté et la netteté de la ville de Paris, à ouïr les comptes de tutelle, communautés, exécutions testamentaires, partages entre héritiers, taxer les dépens, interroger sur faits et articles, apposer les scellés, recevoir les plaintes, faire les informations, enquêtes, et exécuter les ordres de MM. les lieutenants civil, criminel et de police ».

Ce n'était pas précisément une sinécure....

Et voilà que, sous mes yeux, défilent des séries de déclarations, plaintes, procès-verbaux de toutes sortes et sur les sujets les plus variés, les plus imprévus parfois.

Par exemple, le 9 août 1783, « le sieur Joron » est requis, par le lieutenant général de police, de se transporter chez le sieur Esquiron, « tenant une pension de force » rue Verte, Fossé du Port au Choux, « pour y voir et entendre le sieur Bertrand », boucher, amené dans cette maison par son épouse, après avoir été traité à l'Hôtel-Dieu où il a été saigné onze fois. Joron dresse procès-verbal de sa visite : « Ce particulier nous a dit qu'il était le Roy, qu'il avait cédé sa royauté à un de ses amis, qu'il voulait aller à la campagne pour se divertir et vivre sans rien faire », etc., etc. « Il est, conclut Joron, dans la plus grande démence. »

Voici à présent un « procès-verbal de capture d'une négresse », faite sur ordre du Roy au lieutenant général de police, par Étienne-François Quidor, inspecteur de police. Cette négresse, une pauvre fille de seize ans, nommée Marie-Louise, déclare avoir été achetée dans l'Inde, vers l'âge de sept ou huit ans. pour le compte de la demoiselle Bouchaud de la Forestrie; après quoi on la ramène chez sa maîtresse, au couvent des Filles du Calvaire.

Dans une déclaration, une belle signature, autoritaire et énergique, nous saute aux yeux : c'est celle de Pierre-Augustin Caron de Beaumarchais, écuyer, conseiller-secrétaire du Roy, demeurant à Paris, Vieille rue du Temple (sic). Il s'agit d'une querelle entre deux de ses domestiques : le nommé Vaillant a répandu le bruit infamant que son camarade Robert avait été fouetté et marqué, attendu qu'il en portait même encore les traces sur les épaules, etc., etc.

Indigné, furieux, Robert se plaint à son maître qui, touché du chagrin de son valet, convoque trois médecins en son hôtel, afin de le faire examiner en sa présence. L'épreuve tourne à l'honneur de l'infortuné Robert. Les médecins lui délivrent un certificat, sur lequel Beaumarchais appose aussi sa signature, constatant qu'il porte en effet des cicatrices sur le corps, mais elles proviennent de causes purement accidentelles et nullement du fouet ou de la marque. — Robert remet ce précieux document entre les mains du commissaire Joron, et dépose en même temps une plainte à l'effet d'obtenir de Vaillant une réparation éclatante pour l'injure qu'il lui a faite et le tort qu'il lui a causé.

On trouve surtout dans ce dossier une infinité de déclarations de vols : vol d'une montre d'argent, vol de pots de fleurs et d'orangers, vol de onze lapins, etc., etc., des appositions de scellés, notamment, le 25 décembre 1783, après le décès de Pierre-Charles-François Vauquelin, « vice-consul de la nation française en Chine, rue Saint-Louis au Marais », c'était probablement le père du célèbre chimiste ; des séparations de biens, des déclarations de grossesse, etc., etc. Il y a de tout !....

Et les pièces se succèdent pêle-mêle, le temps passe, et, parmi ce fatras, je ne vois toujours pas surgir ce que j'étais venue chercher. Il y avait de quoi se décourager ! Tout à coup apparaissent une date : *3 décembre 1783*, et une signature d'une écriture un peu malhabile et tremblée : *Tascher de Lapagerie*.... Quel soulagement ! Je trouvais le lièvre au gîte !!!

Tascher de Lapagerie ! C'était Joséphine, la future impératrice, alors vicomtesse de Beauharnais, qui avait pris un logement provisoire rue de Grenelle, dans l'abbaye de Penthemont. On en peut voir encore la chapelle, œuvre de Pierre Contant d'Ivry ; elle a été commencée en 1747, et sert à présent de temple protestant.

L'abbaye de Penthemont était déjà fort ancienne au XVIIIᵉ siècle. Fondée par Philippe de Dreux, évêque de Beauvais, en 1217, sur le versant de la montagne Saint-Symphorien, près Beauvais, elle paraît avoir tiré de cette situation son nom de Pente-Mont, qu'elle conserva même lorsque la communauté vint, en 1671, se fixer à Paris, rue de Grenelle, dans un couvent laissé libre par la congrégation des Filles du Verbe Incarné. Les religieuses de Penthemont se consacraient à l'éducation des jeunes filles, et adjoignirent bientôt à leur pensionnat une maison de retraite qui, rapidement, acquit « une grande réputation ». En 1790, leurs revenus se montaient à 58,000 livres, un joli denier pour l'époque.

« Les séparations volontaires sont fort communes à Paris »,

lit-on, en 1782, dans le *Tableau de Paris*; aussi les femmes séparées, ou en instance de l'être, formaient-elles la plus grande partie de la clientèle de la maison. Joséphine appartenait à cette catégorie, ainsi que va nous l'apprendre la « plainte » que voici [1] :

« L'an mil-sept-cent-quatre-vingt-trois, le lundy huit décembre, sur les onze heures du matin. Nous Louis Joron, Con{er} du Roy, Com{re} au Châtelet de Paris, aiant été requis, nous sommes transporté rue de Grenelle, à l'abbaye de Pantemon, et aiant été introduit en un parloir numéroté 3, au second étage, ayant vue sur la cour, et où étant : Est comparue par devant nous, *Dame Marie-Rose Tascher de la Pagerie*, âgée de vingt ans, créole de la Martinique, épouse de Mre *Alexandre-François-Marie Vicomte de Beauharnois*, capitaine à la suite du régiment de la Sarre infanterie, dem{te} à Paris, dans le dit couvent de Pantemont, depuis dix à onze jours, et auparavant dem{te} rue Neuve St Charles, f{g} St Honoré, à l'hôtel dud{t} Sr Vicomte de Beauharnois.

« Laquelle nous a rendu plainte contre led{t} Sr Debeauharnois, son mary, et nous a dit qu'elle a été amenée en France par Mr De la Pagerie, son père, pour épouser ledit sieur Vicomte de Beauharnois; que le douze novembre mil-sept-cent-soixante-dix-neuf, ils débarquèrent au port de Brest où Mme de Renaudin, sa tante, et ledit vicomte de Beauharnois allèrent les chercher; les empressemens dudit Sr Vicomte de Beauharnois annonçoient sa satisfaction. Le mariage a été célébré le treize décembre de la même année mil-sept-cent-soixante-dix-neuf; les époux ont toujours vécu chez Mr le Marquis de Beauharnois, père du Vicomte, et la jeune femme n'a jamais quitté son beau-père ny sa tante aux soins desquels son mary l'avoit confiée.

« Cette union, qui auroit dû réussir, n'a cependant pas été sans nuage. La grande dissipation du mary et son éloignement pour sa maison furent, pour cette épouse infortunée, des sujets

---

[1] J'avais communiqué les pièces suivantes à M. F. Masson, l'autorisant à en publier ce qu'il jugerait bon; quoiqu'il y ait fait de larges emprunts pour son livre : *Joséphine de Beauharnais*, et que pour le mien : *Hortense de Beauharnais*, je m'en sois servie également, il m'a semblé intéressant de les donner dans leur entier.

de se plaindre à lui-même de son indifférence qu'elle ne méritoit point. Ladite Dame de Beauharnois avoue qu'il a été plus fort qu'elle de ne pas lui en témoigner sa sensibilité. Malheureusement le cœur de son mary étoit fermé aux impressions qu'elle s'étoit flattée de lui faire en lui marquant ses craintes. La naissance d'un fils qu'elle lui donna le trois septembre mil-sept-cent-quatre-vingt-un sembloit avoir resserré leurs liens. — Le Vicomte tint à la plaignante compagnie fidèle jusqu'au rétablissement de ses couches, époque où le goût de la liberté et d'une volonté absolue le décidèrent à voyager, il partit pour l'Italie le premier novembre suivant.

« Au retour de ce voyage, le vingt-cinq juillet mil-sept-cent-quatre-vingt-deux, il reçut de la comparante les plus grands témoignages de joye et il parut enchanté de se retrouver avec elle.

« Ce bonheur dura peu, le six septembre de la même année, elle eut le chagrin de le voir partir pour un voyage d'outremer qu'il avoit sollicité avec beaucoup de vivacité.

« A son départ, Mr le Vicomte de Beauharnois se flattoit de laisser son épouse enceinte. Aiant été obligé, par les circonstances, de séjourner à Brest, il se félicita d'en apprendre la certitude. En effet, la comparante est accouchée d'une fille le dix avril der. Jusque là toutes les lettres que Mr le Vicomte de Beauharnois lui avoit adressées ne respiroient que des sentiments tendres et affectueux. Hélas ! pouvoit-elle s'atendre que la nouvelle de ses couches serviroit de prétexte à son mary pour l'accabler d'injustes reproches par deux lettres, l'une dattée du douze juillet seulement (c'est mil-sept-cent-quatre-vingt-trois) et l'autre dattée de Chatelreaut le vingt octobre seulement (c'est de la même année).

« Laditte Dame Vicomtesse de Beauharnois nous a représenté ces deux lettres ; la première commence par ces mots : *Si je vous avois écrit*, et finit par *je vous ai dit* ; la deuxième par *j'ai appris* et par *plus à plaindre*. Lesquelles deux lettres sont, à la réquisition de la dame Vicomtesse de Beauharnois, demeurées cy-annexées après avoir été, par elle, certifiées véritables et d'elle signées et paraphées, et de nous Comre susdit.

« Lesquelles lettres contiennent les imputations les plus atroces; et non content d'y accuser la comparante d'adultère, la traite encore d'infâme, il ajoute qu'il la méprise trop pour vivre désormais avec elle, en conséquence il lui ordonne de se renfermer dans un couvent et, au cas qu'elle refuse d'exécuter cet ordre, il la menace d'être son tyran.

« Observe, la comparante, que si ces horreurs n'étoient que l'effet d'un premier mouvement de jalousie, la jeunesse de son mary porteroit peut-être à les excuser, mais elles sont tellement réfléchies et imaginées à dessin de secouer un joug qui lui pèse, que, sans vouloir, sur l'innocence de sa femme, s'en rapporter à Mr le Marquis de Beauharnois, son père, ni à aucune des personnes respectables qui ont toujours été témoin de son honnêteté, il persiste dans la résolution de ne plus habiter avec elle et, pour montrer même qu'il la fuit, au lieu de descendre, en arrivant, dans l'hôtel dont il est le principal locataire (sis rue Neuve St Charles), et dans lequel il demeure ordinairement ainsy que Mr son père et Mme la Vicomtesse de Beauharnois son épouse, il a été se loger ailleurs, observant qu'il est arrivé à Paris le vingt-six octobre der et que, jusqu'à ce jour, il n'a point encore repris son logement dans l'hôtel.

« Il n'est pas possible à la comparante de soufrir patiemment tant d'affronts, ce seroit manquer à ce qu'elle se doit, à ce qu'elle doit à ses enfans, et s'exposer au sort le plus affreux.

« A quoi désirant obvier, laditte dame vicomtesse de Beauharnois nous a requis de nous transporter dans led. couvent où nous sommes, à l'effet d'y recevoir la présente plainte des faits cy-dessus, circonstances et dépendances dont elle nous a requis acte, que nous lui avons octroyé pour lui servir et valloir ce que de raison, se réservant de former incessamment sa demande en séparation contre led. s. son mary et a signé.

TASCHER DE LAPAGERIE.

JORON.

A la « plainte » sont attachées les deux lettres de Beauharnais à sa femme.

De la Martinique il lui dit :

Ce 12 juillet.

« Si je vous avois écrit dans le premier moment de ma rage, ma plume auroit brulé le papier et vous auriez cru, en entendant mes invectives, que c'étoit un moment d'humeur ou de jalousie que j'avois pris pour vous écrire ; mais il y a trois semaines et plus que je scais, au moins en partie, ce que je dois vous apprendre. Malgré donc le désespoir de mon âme, malgré la fureur qui me suffoque, je scaurai me contenir, je scaurai vous dire froidement que vous êtes à mes yeux la plus vile de toutes les créatures, que mon séjour dans ce pays-cy m'a appris l'abominable conduite que vous aviez tenu, que je scais, dans les plus grands détails, toute votre intrigue avec M. de Be...., off^{er} au rég^{nt} de la Martinique, ensuite celle avec M. d'H., embarqué à bord du *César*, que je n'ignore ny les moyens que vous avez pris pour vous satisfaire, ny les gens que vous avez employé pour vous en procurer la facilité, que Brigitte n'a eu sa liberté que pour l'engager au silence, que Louis, qui est mort depuis, était aussi dans la confidence, je scais enfin le contenu de vos lettres et je vous apporterai avec moi un des présents que vous avez fait. Il n'est donc plus temps de feindre et, puisque je n'ignore aucun détail, il ne vous reste qu'un party à prendre, c'est celui de la bonne foy ; quant au repentir, je ne vous en demande pas, vous en êtes incapable. Un être qui a pu, lors des préparatifs pour son départ, recevoir son amant dans ses bras tandis qu'elle scait être destinée à un autre, n'a point d'âme, elle est au-dessous de toutes les coquines de la terre. Ayant pu avoir la hardiesse de compter sur le sommeil de sa mère et de sa grand'mère, il n'est pas étonnant que vous ayez su tromper aussi votre père à Saint-Domingue ; je leur rends justice à tous et je ne vois que vous seulle de coupable. Vous seulle avez pu abuser une famille entière et porter l'opprobre et l'ignominie dans une famille étrangère dont vous étiez indigne. Après tant de forfaits et d'atrocités, que penser des nuages, des contestations survenues dans notre ménage ! Que penser de ce dernier enfant survenu après huit mois et quelques jours de mon retour d'Italie ? Je suis forcé de le prendre, mais j'en jure par le ciel qui m'éclaire, il est d'un autre, c'est un sang étranger qui coule dans ses veines ; il ignorera toujours ma honte, et, j'en fais encore le serment, il ne s'appercevra jamais, ny dans les soins de son éducation, ny dans ceux de son établissement, qu'il doit le jour à un adultère.

Mais vous sentez bien que je dois éviter un pareil malheur pour l'avenir. Prenez donc vos arrangements ; jamais, jamais, je ne me mettrai dans le cas d'être encore abusé, et, comme

vous seriez femme à en imposer au public si nous habitions
sous le même toit, ayez la bonté de vous rendre au couvent
sitôt après ma lettre reçue, c'est mon dernier mot, et rien
dans la nature entière n'est capable de me faire revenir. J'irai
vous y voir à mon arrivée à Paris, une fois seulement. Je
veux avoir une conversation avec vous et vous remettre quel-
que chose. Mais je vous le répète, point de larmes, point de
protestations, je suis déjà armé contre vos efforts et mes soins
seront tous employés à m'armer davantage contre de vils ser-
ments aussi faux et aussi méprisables que vous. Malgré toutes
les invectives que votre fureur va répandre sur mon compte,
vous me connaissez, Madame, vous scavez que je suis bon,
sensible et je scais que dans l'intérieur de vostre âme, au fond
de vostre conscience vous me rendrez justice; vous persisterez
à nier, parce que dès vostre plus bas âge vous vous êtes fait de
la fausseté une habitude, mais vous n'en serez pas moins inté-
rieurement convainque que vous n'avez que ce que vous mé-
ritez.

« Vous ignorerez absolument les moyens que j'ai pris pour dé-
voiler tant d'horreurs et je ne le dirai qu'à mon père et à vostre
tante. Il vous suffira de sentir que les hommes sont bien indis-
crets, à plus forte raison quand ils ont eu sujet de se plaindre;
d'ailleurs vous avez écrit, d'ailleurs vous avez sacrifié des lettres de Mʳ de Be.... à celui qui lui a succédé, ensuite vous avez
employé des gens de couleur qu'à prix d'argent on rend indis-
crets. Regardez donc la honte, dont vous et moi ainsi que vos
enfants allons être couverts, comme un châtiment du ciel que
vous avez mérité et qui me doit obtenir vostre pitié et celle
de toutes les âmes honêtes.

« Adieu, Madame, je vous écrirai par duplicata et l'une et
l'autre seront les dernières lettres que vous recevrez de vostre
désespéré

et infortuné mari[1].

« P. S. Je pars après demain pour Sᵗ Domingue, et je compte
être à Paris en septembre ou octobre si ma santé ne succombe
pas à la fatigue d'un voyage jointe à un état aussi affreux. Je
pense qu'après cette lettre, je ne vous trouverai pas chez moi,

---

[1] Sans signature.

et je dois vous prévenir que vous me trouveriez un tyran, si vous ne suivez pas ponctuellement ce que je vous ai dit. »

Certiffié véritable par Madame la Vicomtesse de Beau-harnois et par elle signé et paraphé ainsi que par nous Com^re soussigné au désir de la plainte par elle rendüe par devant nous aujourd'hui huit décembre mil-sept-cent-quatre-vingt-trois.

Tascher de Lapagerie.

Joron.

Voici la seconde lettre :

A Châtellerault, ce 20 8bre.

« J'ai appris avec étonnement, en arrivant en France, par des lettres de mon père, que vous n'étiez pas encore dans un couvent ainsi que je vous en avois témoigné la volonté par ma lettre datée de la Martinique. J'imagine que vous avez voulu attendre mon arrivée pour vous soumettre à cette nécessité et que ce retard ne doit pas être regardé comme un refus. En vous écrivant du mois de juillet dernier, j'avois déjà fait toutes mes réflexions et mon party étoit décidément pris.

« Vous sentez que ce n'est point une fièvre inflammatoire et putride que j'ai eu occasionnée par l'excès de ma douleur qui aura pu me faire changer d'avis, non plus que des rechutes continuelles durant quatre mois pendant lesquels j'ai été entre la vie et la mort, non plus que l'entier dérangement de ma santé qui me fait craindre de ne la jamais bien rétablir. Je suis inébranlable dans le party que j'ai pris et je vous engage même à dire à mon père et à votre tante que leurs efforts seront inu-tiles et ne pourront tendre qu'à ajouter à mes maux, tant au moral qu'au phisique, en mettant ma sensibilité en jeu et me mettant dans l'obligation de contrarier leurs désirs. Quant à vous, ceci soit dit sans fiel, sans humeur, pouvons-nous habi-ter ensemble après ce que j'ai appris ? Vous seriez toute aussi malheureuse que moi par l'image perpétuelle de vos torts que vous scauriez être connus de moi. Et quand même vous seriez incapable d'un remords, l'idée que votre mari auroit acquis des droits à vous mépriser ne seroit-elle pas tout au moins humi-liante pour votre amour-propre ? Prenez donc, croyez-moi, le party le plus doux, celui d'acquiescer à mes désirs et préférer, dans cette cruelle position, la certitude de ne point éprouver de mauvais procédés de ma part à l'obligation dans laquelle vous me mettriez d'en mal agir et d'user sévèrement avec vous si vous ne vous soumettez pas à ce que j'exige. Je ne vois cependant aucun inconvénient, si vous désirez retourner en Amérique, à vous laisser prendre ce party-là. Et vous pouvez opter entre ce retour dans votre famille et le couvent à Paris.

« Comme j'espère pouvoir faire en cinq ou six jours les 70 lieues qui me séparent encore de la Capitale et qu'une fois rendu j'aurai besoin de me promener en voiture pour me distraire et suppléer à la faiblesse de mes jambes, vous m'obligerez d'envoyer à Paris mes chevaux et ma voiture pour dimanche prochain 26 du courant. Si Euphémie veut profiter de cette occasion pour y amener Eugène, j'en serai très reconnaissant et je lui devrai un plaisir, et il y a bien longtemps que je n'en ai goûté.

« Vous ne trouverez dans ma lettre aucuns reproches et combien cependant ne serois-je pas en droit d'en faire ! mais à quoi serviroient-ils ? ils ne détruiroient pas ce qui a existé, ils n'auroient pas même le pouvoir de vous rendre vraie ! ainsi je me tais : Adieu Madame.

« Si je pouvois déposer ici mon âme, vous la verriez ulcérée au dernier point, mais ferme et décidée, de manière à ne jamais changer ; ainsi nulle tentative, nul effort, nulle démarche qui tende à m'émouvoir....

« Depuis six mois, je ne m'occupe qu'à m'endurcir sur ce point. Soumettez-vous donc, ainsi que moi, à une conduite douloureuse, à une séparation affligeante, surtout pour vos enfants, et croyez, Madame, que, de nous deux, nous n'êtes pas la plus à plaindre. »

Certifié véritable par Madame la Vicomtesse de Beauharnois et par elle signé et paraphé ainsi que par nous Com^re soussigné au désir de la plainte par elle rendüe par devant nous aujourd'hui huit décembre mil-sept-cent-quatre-vingt-trois.

TASCHER DE LAPAGERIE.

JORON.

Quel sera le dénouement de l'aventure ? Nous le trouvons à la Bibliothèque nationale, département des manuscrits, dans une pièce cotée : *Nouvelles acquisitions françaises*, n° 4689. Nous la publions *in extenso* également, car elle nous paraît être le complément indispensable de cet épisode de la vie de Joséphine.

On y verra que, loin d'être écrasée et vaincue, la mère du prince Eugène et de la reine Hortense va sortir victorieuse de ce mauvais pas.

Le 5 mars 1785, les deux époux se retrouvent chez Maître Trutat, leur notaire, devant qui est passée la transaction suivante :

« Furent présents : messire Alexandre-François-Marie, vicomte de Beauharnais, capitaine au régiment Royal-Champagne [1], mineur [2], émancipé par son mariage.

Et dame Marie-Josèphe-Rose de Tascher de la Pagerie, épouse de mon dit sieur vicomte de Beauharnais, mineure, émancipée par son mariage.

Il a été dit que du mariage de mon dit sieur et dame de Beauharnais sont nés deux enfants, un garçon et une fille.

Que la conduite de mon dit sieur vicomte de Beauharnais n'a pas tardé à donner à la dite dame son épouse des regrets sur l'union qu'elle avait contractée, puisque, malgré les preuves d'attachement qu'il lui avait donné, tant par ses actions que par les lettres qu'il lui avait écrites dans le cours de différents voyages qu'il a fait, notamment en Amérique, il lui a écrit, à la suite de ce dernier voyage, deux lettres, l'une du 12 juillet, l'autre du 20 octobre 1783, contenant contre elle les imputations les plus graves, par lesquelles il lui annonce le projet formel de ne plus revenir avec elle, que ce projet était tellement le fruit de la réflexion que mon dit sieur vicomte de Beauharnais l'a exécuté et que, même arrivé à Paris, au lieu de se rendre à l'hôtel qu'ils habitaient ensemble rue Neuve St-Charles, il a été loger seul rue de Grammont et ensuite au petit hôtel de la Rochefoucauld, rue des Petits-Augustins, au faubourg St-Germain.

L'abandon qu'il a fait de la dame son épouse a mis lad. dame vicomtesse de Beauharnais dans la triste nécessité de

---

[1] Depuis le 2 juin 1784.

[2] Il était né le 28 mai 1760, et n'avait donc pas encore atteint sa « grande majorité », celle de vingt-cinq ans.

rendre, contre mon dit sieur son mary, une plainte qui a été
reçue par le commissaire Joron, le 8 décembre 1783, laquelle
a été suivie de la demande en séparation de corps et d'habitation qu'elle a formée au Châtelet de Paris, le 10 du même
mois.

Que, dans ces circonstances, mon dit sieur vicomte de Beauharnais reconnaît que la dame vicomtesse son épouse s'est
plainte à juste titre, qu'il a eu tort d'écrire le 12 juillet et le
20 octobre, à lad. dame, les lettres dont elle se plaint et qui ont
été dictées par la fougue et l'emportement de la jeunesse, et
qu'il regrette d'autant plus de s'y être livré qu'à son retour en
France les témoignages du public et de son père ont été tout à
son avantage, et qu'il a écrit, au mois d'août 1783, à M. Tascher
de la Pagerie, père de la dite dame, pour le prévenir de la conduite qu'il tiendrait envers son épouse, qu'il sent que cette
conduite pourrait obtenir à la dame vicomtesse de Beauharnais
la séparation qu'elle demande, que désirant éviter la publicité
de la plainte, il a offert de consentir volontairement à ce que la
dame son épouse aurait pu obtenir judiciairement; et la dame
vicomtesse de Beauharnais, voulant éviter un éclat qui serait
désagréable, et pour donner à ses deux enfants la preuve la
plus forte de son amour maternel, a consenti, au lieu de suivre
la demande, à accepter les offres qui lui ont été faites, d'après
quoi les parties sont convenues, à titre de transaction sur procès, de ce qui suit :

Article premier.

Il est convenu que la dame vicomtesse de Beauharnais est et
demeure séparée d'habitation dudit sieur vicomte de Beauharnais, qu'il la déclare libre et maîtresse de demeurer où bon
lui semblera, et qu'il consent qu'elle perçoive, sur sa quittance
personnelle, les intérêts de sa dot, à compter du 10 décembre
1783, jour de sa demande en séparation, ainsi que les revenus
de tous les autres biens et droits qui pourront lui échoir et
appartenir, sans qu'il soit besoin d'aucune autorisation quel-
conque.

Art. 2.

Le vicomte de Beauharnais s'oblige, par les présentes, de
payer à la dame son épouse la somme de 5,000 l. par chacun

an, sans aucune retenue en sus de sa dot, par forme de provi-
sion, à compter du 10 décembre 1783, jour de sa demande en
séparation, et ce, seulement, jusqu'à ce que ma dite dame vicomtesse de Beauharnais ait recueilli une ou plusieurs successions des biens suffisants pour former et composer, avec sa dite
dot, un revenu annuel de 10,000 l., de manière néanmoins que
ladite pension annuelle de 5,000 l. ci-dessus diminuera à l'é-
chéance de chaque succession qu'elle pourra recueillir, jusqu'à
concurrence de l'augmentation de revenu que chacune des
dites successions lui procurera.

Art. 3.

Il est convenu que Eugène-Rose de Beauharnais, fils des
parties, restera à son père qui s'en chargera, mais qui s'engage
à le laisser jusqu'à l'âge de cinq ans sous les yeux de sa mère,
dans l'appartement qu'il occupe à présent; qu'il se chargera de
tous les frais de nourriture, entretien et éducation de son fils;
qu'il s'engage à le laisser passer les étés avec sa mère à la
campagne, toujours jusqu'à l'âge de cinq ans, avec la gouver-
nante qui sera convenu avec la mère. Si d'ici à l'époque où
Eugène de Beauharnais aura cinq ans révolus, lad. dame de
Beauharnais quittait le couvent, le susd. vicomte de Beauharnais louerait, dans la même maison où elle irait s'établir, un
logement pour son fils jusqu'au 3 septembre 1786, de sorte que,
dans cet intervale de tems, le fils restera dans la maison
qu'habitera sa mère, et que Hortense-Eugénie de Beauharnais,
fille des parties, restera à la dame sa mère jusqu'à son établissement, s'obligeant, mon dit sieur vicomte de Beauharnais, de
payer, à ladite dame son épouse, la somme de 1,000 livres par
chacun an, jusqu'à ce qu'elle soit parvenue à l'âge de sept ans,
et quinze cents livres aussi par chacun an, passé ledit âge. La
quelle pension courra à compter de ce jour et sera payée, ainsy
que celle de lad. dame sa mère, tous les trois mois par
avance.

Art. 4.

Mon dit sieur vicomte de Beauharnais s'engage à donner
à la vicomtesse de Beauharnais, sa femme, les pouvoirs les
plus amples toutes les fois qu'elle les requerra, à l'effet de
l'autoriser dans la recette ou poursuite de ses droits aux suc-

cessions qui pourront lui échoir de son chef et généralement dans toutes les affaires de famille.

ART. 5.

Les dépens seront payés par mon dit sieur vicomte de Beauharnais.

ART. 6.

Au moyen des présentes, tout procès demeure éteint et assoupi entre les partyes et, pour donner s'il est possible plus de solidité à ces présentes, ledit vicomte de Beauharnais donne sa parole d'honneur de suivre ponctuellement tous les articles de cette transaction, et de la faire confirmer et ratifier aussitôt l'époque de sa majorité, et la dame vicomtesse de Beauharnais donne la sienne d'être aussi fidèle à ces mêmes articles, de les confirmer et ratifier à l'époque de sa majorité, d'inviter de bonne foi M. de la Pagerie, son père, à ne faire contre son mari aucunes procédures relatives à la plainte qu'elle a faite devant le commissaire Joron, le 8 déc. 1783, seul objet de la transaction actuelle.

Ladite dame vicomtesse de Beauharnais n'entendant déroger à aucun de ses moyens de fait et de droit, dans le cas où mon dit sieur vicomte de Beauharnais n'exécuterait pas la présente transaction ou en contesterait l'exécution, rentrera, après une simple sommation, dans toute la plénitude de ses droits, de manière que, dans ce cas, elle pourra reprendre les poursuites de sa demande en séparation, ainsi et de la même manière qu'elle pourrait la suivre à présent. »

Approuvé l'écriture cy dessus
   le 5 mars 1785.

     LE VIC^{te} DE BEAUHARNAIS.

       Approuvé l'écriture cy dessus
        le 5 mars 1785.

     TASCHER DE LAPAGERIE, V^{tesse} DE BEAUHARNAIS.

C'est ainsi que se clôtura définitivement l'incident.

. ˙ .

Il est un personnage secondaire, mais qui cependant dut

jouer dans le ménage un rôle assez important, au sujet duquel nous voudrions ajouter quelques mots.

C'est Euphémie, la bonne d'Eugène, dont Beauharnais parle dans sa seconde lettre : « Si Euphémie veut m'amener Eugène, j'en serai très reconnaissant et je lui devrai un plaisir, etc.... »

Originaire de la Martinique, cette Euphémie, que les enfants Beauharnais appelaient toujours Mimi, avait été amenée en France par Joséphine.

Eugène lui conserva une vive affection, on en trouve les traces dans une lettre qu'il lui adressa tout jeune encore, si l'on en juge par son écriture enfantine et son orthographe plus qu'incertaine.

Elle n'est pas datée.

MA CHÈRE MIMI,

Il ne faut pas des lettres de six pages pour te jurer une éternelle reconnaissance aux soins, aux bontés que tu a eu pour moi, crois que je n'oublirai jamais tes bienfaits.

Ecris-moi, je te prie, donne-moi de tes nouvelles, et pense à ton cher Eugène qui t'embrasse tendrement ainsi que Iagare. Adieu.

EUGÈNE.

Bonjour à tout ce qui pense à moi [1].

Mimi bénéficia de l'élévation de Joséphine; elle épousa le nommé Lefebvre, huissier de l'Empereur, et habitait, rue Duphot, au quatrième étage, un petit appartement fort bien meublé, composé d'une salle à manger, d'un salon, d'une chambre à coucher et d'un petit cabinet « sur le retour ».

De plus, Mimi était propriétaire. A Rueil, rue Haute, n° 32, elle possédait une maison avec un jardin rempli de plantes exotiques d'une grande beauté que lui offrait un des jardiniers de la Malmaison. Là, Mimi devenait une manière de souveraine, elle aussi, et y tenait sa cour. Elle recevait nombreuse société, des artistes, des littérateurs, notamment des femmes auteurs, et aussi des gens du monde, en particulier la comtesse de Laval-

---

[1] Cette lettre fait partie de la belle collection d'autographes de M. le comte Allard du Chollet qui a bien voulu nous la communiquer.

lette, née Beauharnais, à qui, sans doute, elle rappelait son enfance [1].

A la mort de Joséphine, Eugène et Hortense continuèrent à lui servir une pension.

Enfin, en mars 1814, au moment où se répandait le bruit que l'Empereur revenait de l'île d'Elbe, c'est chez elle, rue Duphot, que la reine Hortense alla se cacher, pour échapper aux recherches des royalistes; Mlle Cochelet le rapporte dans ses *Mémoires* : Mme Lefebvre en pleurait de joie. Elle se mit en devoir de tout disposer le mieux possible dans son intérieur. Pendant ce temps, la reine amusée examinait le petit appartement orné de jolis tableaux. Sur une commode se trouvait un cabaret garni de porcelaines : « Vois-tu cette toute petite tasse, dit-elle à sa lectrice, c'était à moi, j'avais huit ans lorsque je la donnai à Mimi, je m'en souviens encore.... et cette autre était à Eugène. Voici celle où mon grand-père prenait toujours son café.... Comment, Mimi, ajouta-t-elle en se tournant vers sa vieille bonne, tu as pu conserver tout cela ? — Tout ce qui me vient de vous et de votre famille, ma reine, m'est trop cher pour que ce ne soit pas des reliques pour moi.... Regardez ce portrait, c'est celui de mon vieux maître, les armes en ont été grattées pendant la Terreur, il le fallait bien. Nous étions alors dans des transes continuelles pour vous et pour votre frère, vous étiez si jeunes tous les deux! nous avions soin de vous pendant qu'on emprisonnait vos parents et que votre père.... » Elle s'arrêta brusquement, étranglée par l'émotion [2].

Le 20 mars 1814, à la fin de la journée, la Reine quitta l'appartement d'Euphémie pour courir à son hôtel s'habiller en hâte, et aller recevoir l'Empereur aux Tuileries.

Quand nous aurons dit qu'Euphémie vendit sa maison de Rueil, en 1819, à une dame Clément, nous n'aurons plus rien à ajouter; là s'arrêtent malheureusement le peu de renseignements que nous possédons sur son compte.

Remarquons seulement qu'il y avait, à la Martinique, une mulâtresse « surnommée David », née d'un père irlandais et d'une femme de couleur, qui habitait dans le voisinage des

---

[1] Ces renseignements nous ont été obligeamment fournis par M. Cramail, de Rueil.

[2] On sait que Beauharnais mourut sur l'échafaud révolutionnaire.

Trois Ilets. C'était une ancienne esclave de Mme de Renaudin (née Marie-Euphémie-Désirée Tascher de la Pagerie), tante de Joséphine. Elle portait un des prénoms de sa maîtresse : Euphémie, et passait pour prophétesse.

C'est cette mulâtresse qui, à deux reprises, prédit à Joséphine qu'elle serait « *plus que reine de France*[1].... » Cette clairvoyante sibylle serait-elle la mère de Mimi ?.... Ce n'est pas impossible. La question, en tout cas, serait intéressante à élucider.

[1] V. Bégin, *Histoire de Napoléon*, t. I, p. 129, 130, 131, 132 et 257.

——————►◄——————

BESANÇON. — IMPRIMERIE JACQUIN.